WJS CORSO

WJS

Willy Brandt

Die Abschiedsrede

CORSO bei Siedler

Rede
gehalten auf dem
Ausserordentlichen Parteitag der
Sozialdemokratischen Partei Deutschlands
am 14. Juni 1987 in der Bonner
Beethovenhalle

Einen sozialdemokratischen Parteitag einzuberufen, um den Vorsitzenden abzulösen, ist eher ungewöhnlich; er ist ja auch »außerordentlich«. Das war uns klar, als ich im März den entsprechenden Vorschlag machte.

Es war seit dem letzten Sommer bekannt, daß ich auf dem nächsten ordentlichen Parteitag für eine Wiederwahl nicht mehr zur Verfügung stehen würde. Zur Nachahmung kann ich solche Vorankündigungen nicht empfehlen. Auch in der Politik gibt es Dinge, von denen spricht man am besten erst, wenn sie spruchreif sind. Auch bei uns Sozialdemokraten, die wir alles andere als eingeschworene Feinde vorausschauender Planung sind.

Bei Traven – in dessen erstem Dschungelroman – ist im übrigen nachzulesen, wie ein mexikanischer Indianerstamm es beim Häuptlingswechsel hielt. Die zogen dem Neugewählten die Hose runter und hielten ihn mit dem nackten Hintern einen Augenblick übers Feuer. Du sollst nicht zu lange auf deinem Häuptlingsstuhl sitzen bleiben, so in etwa könnte man das Bild deuten.

Ich bin ja nun ziemlich lange hocken geblieben.

Und natürlich habe ich nicht allen und allem gerecht werden können. Ich bitte um Nachsicht.

Wenn einer nach dem Ertrag dessen fragt, was ihn in Anspruch nahm, darf er jedoch nicht nur an das denken, was gelang. Mir ist es oft genug leichter gefallen, neuen Themen nachzuspüren – und ich denke nicht allein an die Umweltvergiftung –, als danach hart genug am Thema zu bleiben. Als Vorsitzender habe ich den Zusammenhalt der Partei so ernst genommen, daß bisweilen eine ohnehin vorhandene versöhnliche Neigung obsiegte, wo doch der Durchbruch zu neuer Entscheidung gedrängt hätte. Aber welcher Durchbruch? Und zu welcher Entscheidung? Jedenfalls reichte die Kraft nicht aus, die der deutschen Sozialdemokratie not getan hätte zu einer raschen Stärkung und überzeugenden Erneuerung.

Ich will Euch in dieser Abschiedsrede aber auch nicht verschweigen, was mich bei diesem Übergang in einen neuen Lebensabschnitt froh stimmt: Wir haben – unzulänglich, wie so etwas bleiben muß – wichtigen reformpolitischen Ansätzen zur Geltung verholfen, als die Angelegenheiten unseres Gemeinwesens das vorige Mal, in den sechziger Jahren, zu erstarren drohten. Und wir haben – gewiß gegen viel Widerstand – eine neue Politik der Verständigung durchgesetzt, als dies bitter nötig geworden war. Einer, der nicht für Hitler kämpfen mußte, sondern für das *andere* Deutschland arbeiten konnte, durfte mit großer Genugtuung erfahren, daß Friede und Deutschland wieder, oder für viele in Europa überhaupt erst, auf einen Nenner gebracht wurden. Dies entsprach guter deutscher, sozialdemokratischer Tradition.

Trotz der Erfolge: auch die Sozialdemokraten hatten nicht immer recht. Ich bin nicht töricht genug, dies zu bestreiten. Aber wir können ohne Selbstüberschätzung sagen: Nie war unsere Partei an der Seite derer, die Krieg anfingen und Knechtschaft über unser Volk brachten. Wir haben vielmehr dafür gearbeitet, daß aus Millionen geschundener Proletarier und unmündiger Frauen selbstbewußte Staatsbürger werden konnten.

Ich bin heute an dieses Rednerpult getreten, nicht um zu klagen, sondern um zu danken. Ich weiß, was ich der Bewegung schuldig bin, in die ich als kleiner Junge hineinwuchs. Und manches davon ist lebendig geblieben in der Partei, an deren Spitze ich nun so lange stehen durfte.

Ich denke an die vielen, die mir im Laufe der langen Jahre mit Rat und Tat zur Seite standen. Miteinander haben wir einiges auf den Weg gebracht. Mögen andere es neu anschieben und weiter voranbringen. Die Zeiten des mündigen Bürgers sind nicht vorbei. Jedenfalls kommen sie wieder. Trotz reaktionärer Denkfaulheiten. Trotz der Starallüren solcher, denen das Bohren dicker Bretter zu langweilig ist oder zu mühsam. Trotz derer, die weniger für Menschen arbeiten und mehr für ihre Macht, ihren Ruhm.

Unsere Aufgaben sind klar: Die SPD darf sich nicht daran hindern lassen, noch energischer anzugehen gegen die Vernachlässigung deutscher Interessen in der Welt, gegen die Schande hoher Arbeitslosigkeit und sich ölfleckartig ausbreitender Ungerechtigkeit. Ich nenne die Stichworte: aufgeklärte Vernunft, sozialer und ökologischer Humanismus, demokratische Kultur. Unsere Partei muß bleiben, was sie im Kern seit mehr als hundert Jahren gewesen ist: ein Zusammenschluß deutscher Patrioten mit europäischer Verantwortung und im unverdrossenen Dienst am Frieden und sozialen Fortschritt – im Innern wie nach außen.

Freiheit

Wenn ich sagen soll, was mir neben dem Frieden wichtiger sei als alles andere, dann lautet meine Antwort ohne Wenn und Aber: Freiheit. Die Freiheit für viele, nicht nur für die wenigen. Freiheit des Gewissens und der Meinung. Auch Freiheit von Not und von Furcht. So stand es zu einem frühen Zeitpunkt des Zweiten Weltkrieges übrigens in der Atlantik-Charta, die ich damals nicht nur als ein Instrument der psychologischen Kriegführung verstehen mochte.

Für den Eisernen Kanzler war Freiheit ein Luxus, und den könne sich nicht jeder leisten. Freiheit für das Volk, für die vielen – das hat nichts zu tun mit Versprechungen, die sich allein für eine Minderheit einlösen lassen. Den Kapital-Liberalen war das genug. Neokonservative Ideologen haben die Irreführung in Kauf genommen. Gleichwohl, wir vergeben uns nichts, wenn wir einräumen, daß uns eigene Schwächen daran gehindert haben, dies deutlich genug zu machen: Wir sind nicht auf reglementiertes »Glück« aus, sondern wir wollen die Freisetzung der schöpferischen Fähigkeiten, die im Menschen angelegt sind. Die Bewegungsfreiheit des einzelnen – in sozialer Verantwortung.

Seit mehr als hundert Jahren ist der Zusammenhang zwischen Stärke der Sozialdemokratie und erfahrbarer staatsbürgerlicher Freiheit bei uns sichtbar. Daß der Arbeiterschaft so lange ihr Platz am Tisch der Gesellschaft verweigert wurde, erklärt einen Teil der deutschen Fehlentwicklungen. Als Quälgeist und Überwinder des verengten bürgerlichen Liberalismus haben SPD und Arbeiterbewegung für die Demokratie gestritten. Erst grundsätzlich für Freiheitsrechte, die mühsam heruntergeholt wurden aus den Wolken. Dann für ihre Verankerung in der sozialen Wirklichkeit. Das ist gute Überlieferung.

Einen Monopolanspruch auf die Freiheit zu erheben wäre geschichtsfremd und der Demokratie unbekömmlich. Anders als im Staat von Weimar konnte nach 1945 zwischen wichtigen politischen Kräften der Bundesrepublik Deutschland immerhin eine Verständigung darüber erzielt werden, wie der Staat organisiert sein soll und wie in ihm unterschiedliche Meinungen und Interessen auszutragen sind. Daran festhalten, gemeinsam mit möglichst vielen anderen, bedeutet, gefährlicher ideologischer Zerklüftung und unverantwortlicher nationaler Schwächung einen Riegel vorschieben. Das heißt: Wo es um die Freiheit geht, darf es an unserer Bereitschaft zu nationaler (und europäischer) Gesamtverantwortung nicht fehlen.

Daß so mühsam um Menschenrechte und humane Gleichwertigkeit im eigenen Land gerungen werden mußte, hat an der nationalen Kraft gezehrt und Europa geschwächt. Nein, eine Laune war es nicht, als ich 1969 dazu einlud, mehr Demokratie zu wagen. Was wir auf den Weg brachten – von der Bildungs- und Rechtspolitik bis zur Betriebsverfassung – blieb hinter mancher Erwartung zurück, doch es hat Dinge verändert, neue Realitäten geschaffen. Und wenn die Zeit reif ist, werden wir die Pflöcke der demokratischen und sozialen Reform wiederum ein gutes Stück weiter vorn einschlagen. Der Kompaß muß auf das eingestellt bleiben, was ich unserer Bewegung tragende Idee nenne, nämlich, einer sich steigernden Zahl von Menschen Freiheit erfahrbar zu machen und dafür zu sorgen, daß die großen gesellschaftlichen Lebensbereiche von den Grundwerten der Demokratie und Gerechtigkeit durchdrungen werden. Und daß es vor allem Solidarität ist, die den Schwachen zu mehr Freiheit verhilft. Und daß die Moderne, für die wir gekämpft haben und weiter kämpfen, sich behaupten muß gegen rückständigen Konservatismus – einschließlich der liberalistischen Variante – ebenso wie gegen anarchisierenden Fundamentalismus.

Apropos: In der wiederbegründeten deutschen Sozialdemokratie haben wir uns mit der Gleichstellung von Frauen und Männern zuviel Zeit gelassen. An verdienstvolles Wirken beim Wahlrecht und beim Grundgesetz zu erinnern konnte nicht ausreichen. Einige von uns mußten dann zum Brecheisen greifen, um reale Veränderungen zu fördern. Die neue Beschlußlage unverkrampft konkretisieren bleibt vordringlich, auch wenn es Opfer kostet. Freiheit zu beschwören und sich an der Gleichberechtigung vorbeizumogeln, das geht nicht mehr an. Ich finde es erfreulich, daß es so nicht mehr hingenommen wird.

Mir scheint unbestreitbar zu sein, daß sich aus ökonomischen Gründen und durch ökologische Zusammenhänge für den Sozialstaat neue Perspektiven ergeben. Seiner Energien bedarf es weiterhin, damit Liberalität und kulturelle Teilhabe nicht verkümmern, sondern Gemeinbesitz werden.

Zur modernen Volkspartei gehört ein neues Verständnis von Fortschritt; wir haben diesen Begriff nicht wegzuwerfen, wir haben ihn neu zu definieren. Dazu gehört – wir haben das gelernt – eine zeitgemäße Auffassung vom Wachstum. Von der Wissenschaft als Orientierungswissen. Von der Technik, die natürlich wichtig bleibt, der aber durch die Interessen der Menschen Grenzen gesetzt sein müssen.

Es ist wichtig, daß wir uns durch gemeinschaftsfeindliche Haltungen nicht verwirren lassen, mögen sie alternativ oder konventionell begründet werden. Zum Wesen der modernen Volkspartei gehört *auch* die verarbeitete Erkenntnis, daß Fortschritt in manchen Bereichen Bewahren bedeuten muß. Daß das Alte, das gut war, in einer neuen Ordnung aufzuheben ist. Daß bewährte Werte nicht geopfert zu werden brauchen. Für mich gilt dies gerade auch für die Arbeiterschaft, die Arbeiterbewegung, den Wert und die Würde der Arbeit – wohl wissend, wie sehr alles, was ich hier benenne, dem Gesetz des Wandels unterworfen ist.

Dies ist jedenfalls die Zeit, in der die Idee des freiheitlichen Sozialstaats verteidigt werden muß. Mehr noch: Sie muß weiterentwickelt werden – entbürokratisiert, wo dies geboten ist, konkretisiert, den Nöten der Betroffenen realistisch angepaßt. Daß Mangel an planvollem Handeln nicht Freiheit bewirkt, sondern Chaos, zeigt sich weit über den Bereich des Sozialen hinaus: An Katastrophen hatten wir in den vergangenen Jahren nicht gerade Mangel.

Unsere Bejahung des Wettbewerbs und des marktwirtschaftlichen Prinzips bedarf keiner Relativierung. Eher könnte ich dazu raten, die Bedeutung des unternehmerischen und des eigenverantwortlichen Engagements noch stärker hervorzuheben. Der Staat kann und soll nicht alles machen und regeln wollen. Ich halte nichts von Überhöhungen der Staatsidee. Aber ich bleibe doch dabei, daß gute sozialdemokratische Politik sich mit schlechtem Gewissen in Sachen Staat nicht machen läßt. Es trifft eben zu, daß sich nur wirkliche Reiche einen armen Staat leisten können.

Wir tun gut daran, gegenüber allen Tendenzen wachsam zu bleiben, die die individuelle Freiheit unnötig einengen. Wie man sich hüten muß, durch angebliche Notwendigkeiten staatlicher Sicherheit nicht auf Abwege gelotst zu werden, habe ich seinerzeit am Beispiel des sogenannten Radikalenerlasses schmerzlich erfahren. Wachsamkeit ist auch hinsichtlich einer Überzentralisierung geboten, die in vielen Bereichen eher noch zunimmt.

Ich trete dafür ein, daß der *freiheitliche* Gedanke im demokratischen Sozialismus stark bleibt und noch stärker wird. Das heißt unter anderem: Wir müssen uns der nicht nur, aber doch auch gerade sehr deutschen Neigung zur Machtballung in den Weg stellen. Und wir dürfen dem Aberglauben an die stets heilsame Wirkung obrigkeitlicher Maßnahmen nicht nachgeben.

Wenn der Freiheitsbegriff nicht entleert werden soll, muß er – die parlamentarische Demokratie ergänzend – seine Konkretisierung nicht nur in den Institutionen des Staates, sondern auch vor Ort und in den Unternehmen finden: durch Demokratisierung des Wirtschaftsgeschehens; durch soziale und humane Kontrolle des materiellen Fortschritts; durch eine kommunale Selbstverwaltung, die man nicht verkümmern lassen darf; durch selbstkritische Weiterentwicklung der sozialen Demokratie und ihrer Institutionen. Nicht in bürokratischen Wucherungen und in der Machtvollkommenheit von Apparaten kann die Zukunft liegen, sondern sie muß liegen in der Mitentscheidung der Arbeitenden, der Verbraucher, zumal der Gemeindebürger.

Für Freiheit gegen den Obrigkeitsstaat haben unsere Altvordern gekämpft. Sie, wir haben vor den

Nazis und ihren mächtigen Helfern nicht kapituliert. Sie, wir haben uns durch die brutale Herausforderung aus dem Osten nicht unterkriegen lassen. So soll es bleiben: Deutsche Sozialdemokraten dürfen Kränkungen der Freiheit nie und nimmer hinnehmen. Im Zweifel für die Freiheit!

Auf Freiheit zu pochen – zuerst und zuletzt – für uns Europäer und für das eigene Volk, Freiheit einzuklagen für die Verfolgten und Ohnmächtigen – dies sei meine letzte »Amtshandlung« als Vorsitzender der Sozialdemokratischen Partei Deutschlands.

ES GEHT EIN HALBJAHR ZU ENDE, IN DESSEN VERLAUF unsere Partei zunächst schwere Wahlschlappen hinnehmen mußte. Hamburg und Rheinland-Pfalz sorgten für bessere Ergebnisse. Ich war damit zufrieden, wie Ihr Euch denken könnt. Wer voreilig von einem »Trend« sprach, hatte – wieder – den Mund zu voll genommen.

Man brauchte die Lage wirklich nicht noch düsterer zu machen, als sie war. Dabei kann ich wohl verstehen, daß unseren Freunden, zumal im Süden der Republik, manchmal zumute ist wie dem Indianerjungen, der im Fernsehen zu viele Wildwest-Filme sah und traurig seinen Vater fragte: »Daddy, weshalb gewinnen immer die anderen?« Das muß nicht so bleiben. Weder in München noch in Stuttgart haben die Länderchefs das Glück gepachtet, auch wenn sie manchmal scheinen, als ob sie's meinten.

An die eigene Adresse ist zu sagen: Man muß das Glück – lies: den Erfolg – auch wollen. Man muß die masochistischen Neigungen, die der Linken wohl nicht ohne Grund mitunter nachgesagt werden, im Zaun halten. Wir dürfen nicht zulassen, daß man uns aus den eigenen Reihen in den Keller redet.

Und wir sollten Erfolgreichen unter uns den Erfolg nicht übelnehmen. Ein Sieg ist nicht notwendig anrüchig für einen Sozialdemokraten!

Ich weiß wohl: Eine progressiv-anspruchsvolle Partei hat es von der Sache und von den Personen her schwerer als eine, die im wesentlichen auf Beharrung angelegt ist. Nur, die Beschäftigung mit uns selbst sollte nicht mehr Zeit und Kraft kosten als die Auseinandersetzung mit den Gegnern – und mit den eigentlichen Problemen.

Gewiß: Eine Überzeugung ist nicht schon deshalb falsch, ein Programm nicht dadurch widerlegt, daß die Zustimmung fürs erste noch auf sich warten läßt. Ich konnte und kann nicht dazu raten, als richtig erkannte Einsichten deshalb nicht weiterzuverfolgen, sondern wegzulegen, weil sie nicht hinreichend wählerwirksam waren. Sich verständlicher machen, wenn es geht, dazu sage ich: ja und nochmal ja. Aber unsere Programmatik aus dem ableiten, was die Leute gerade hören wollen: nein. Die Warnung von 1932 beispielsweise, daß die Naziherrschaft Krieg bedeuten werde, war richtig, auch wenn sie von der Mehrheit überhört wurde. Daß sich viele, auch in deutschen Landen, Falschbilder der Wirklichkeit andienen lassen, ist bekanntlich noch jüngeren Datums.

Und doch, sich nicht zu weit von dem zu entfernen, was viele aufzunehmen geneigt und mitzutragen bereit sind, gehört zur eisernen Wissensration einer Volkspartei, die nicht auf die Oppositionsbänke abonniert ist. Und die weiß, daß man auf der Regierungsbank in aller Regel mehr erreichen kann für die Menschen, denen man sich verantwortlich fühlt. Es mag ja sein, daß Macht den Charakter verderben kann – aber Ohnmacht meinem Eindruck nach nicht minder.

Nehmt alles in allem: Der sechzehn Jahre Bonner Regierungsverantwortung brauchen wir uns nicht zu schämen. Wir haben einen nicht geringen Anteil daran, daß die Bundesrepublik Deutschland, unsere Republik, sich sehen lassen kann im internationalen Vergleich und zumal gemessen an der deutschen Vergangenheit. Wer der Sozialdemokratie ihren Beitrag streitig machen will, der stellt sich schlicht ins historische Abseits.

Verantwortung – der Vorstand der Partei im ganzen und der Vorsitzende als Person haben ihren Anteil daran zu übernehmen, wenn angestrebte Erfolge versagt bleiben. Wer an herausgehobener Stelle wirkt, muß für Mißerfolge auch dann geradestehen, wenn er meint, bei ihm werde zu viel abgeladen. Wir kennen alle den Satz, der Sieg habe viele Väter, die Niederlage sei ein Waisenkind.

Weil ich der Verantwortung nicht ausweiche, weise ich ohne falsche Bescheidenheit auf die Wahlkämpfe hin, die ich mit der Partei im Wettbewerb um die Regierungsmacht geführt habe: Es gelang uns, von gut 31 Prozent in vier Anläufen auf fast 46 Prozent im Bundesdurchschnitt zu kommen; bei den Erststimmen waren es sogar mehr als 49 Prozent. In einem gewissen Sinne war ich wohl auch »mitverantwortlich« dafür, daß die Zahl unserer Mitglieder von 650.000 auf knapp eine Million stieg. Hier wie dort fielen wir zurück. Also? Ich meine, wir haben uns neu anzustrengen – das vor allem.

Natürlich fällt es leichter, den Ärger über Mißerfolge zu delegieren, als andere an der Freude über Erfolge teilnehmen zu lassen. Auch ist es angenehm, Führungsschwächen zu beklagen, wenn es sich nicht um die eigenen handelt. Man kann dem scheidenden Vorsitzenden auch seine Liberalität ankreiden; nur muß man wissen, daß er ohne sie nicht mehr er selbst gewesen wäre.

Damit wir uns gut verstehen: Wie man sich mit eigenen Fehlern auseinandersetzt, selbstgefällig oder selbstkritisch, das sagt einiges aus über den Charakter von Politikern und über den Inhalt von Politik. Allerdings: Einige schienen mir zwischenzeitlich die Rolle eines Sündenbocks vom Dienst zugedacht zu haben. Dazu war ich nicht gewählt noch gewillt. Ich habe meine Fehler gemacht. Ich habe nicht immer alles bedacht, was hätte bedacht werden sollen. Das tut mir leid. Und das ist es dann auch.

Ich versprach, die Einheit der Partei zu hüten – wie meinen Augapfel, wie die Standardformel dann lautet. Die Partei zusammenzuhalten – das war mein Motiv in mancher Lage, in der die einen, die anderen und vielleicht auch alle zusammen sich einen Vorsitzenden wünschten, der »autoritärer« handelte – oder wenigstens redete. Dem kann ich jetzt schon gar nicht mehr gerecht werden. Sondern ich kann nur bekräftigen, wie sehr es meiner Überzeugung nach weiterhin ankommt auf Freiheit der Diskussion, Zusammenhalt in der Aktion und Entschlossenheit in der Abwehr von Attacken. Ich halte nichts von einer teutonischen Pseudo-Autorität, die durch den Schlag mit der Faust auf den Tisch demonstriert wird. Den Tisch beeindruckt der Faustschlag wenig. Wen sonst?

Ja, und dann die stehende Redensart, die SPD müsse endlich »geschlossener« werden. Gewiß, manche Extratour und Disziplinlosigkeit war wirklich überflüssig. Öffentliche Aufforderungen an »die Partei«, was sie tun oder lassen sollte, sind häufig auch das Gegenteil von hilfreich, weil sie Vorurteile bestätigen helfen. Zur geschlossenen Anstalt wird die SPD außerdem bestimmt nicht werden wollen.

Nein, die Wahlergebnisse haben nicht deshalb stagniert und die Regierungsverantwortung im Bund ist nicht deshalb verlorengegangen, weil wir geistig zu rege gewesen wären, sondern weil wir Mühe hatten, in einer veränderten Gesellschaft Mehrheiten zu schaffen. Und weil wir zumal einen großen Teil aus den jüngeren Jahrgängen nicht mehr erreichten. Und auch, weil den FDPisten der Sinn nach raschem Partnerwechsel stand.

Bei dieser Gelegenheit ein Wort zu der nicht nur aus jener Ecke verbreiteten Legende, der sozialdemokratische Bundeskanzler sei im Herbst '82 gescheitert, weil ihm die eigene Partei die Gefolgschaft verweigert habe. Tatsache ist, was in einem weitverbreiteten Tagebuch zu lesen stand und was Leute aus der rechten FDP-Führung inzwischen ja nicht mehr leugnen, sondern womit sie sich sogar brüsten: Sie haben die sozial-liberale Koalition demontiert und funktionsunfähig gemacht. Für unsere Seite kann ich guten Gewissens sagen: Ich hatte mir vorgenommen und habe mich daran gehalten, auf keinen Fall zuzulassen, daß die eigene Partei dem eigenen Bundeskanzler die Vertrauensbasis entzieht. Nicht wenige wissen, daß ich bei ein paar Problemen ernste Bedenken zurückstellte und an der Bildung von Parteitagsmehrheiten mitwirkte, um – wenn irgend möglich – Regierungsfähigkeit zu erhalten.

In den zurückliegenden Wochen haben mich viele, sehr viele Briefe erreicht. Ich möchte mich bei allen bedanken, zumal bei denen, die mir ihre Verbundenheit bekundeten. Antworten konnte ich nur denen, die meinten, sich bei dieser Gelegenheit von der Partei verabschieden zu sollen. Von mehreren weiß ich, daß sie sich das inzwischen vernünftigerweise überlegt haben. Wer mir sagt, er habe zur SPD gehören wollen, weil er unsere Friedens- und Reformpolitik bejahte, darf jetzt nicht davonlaufen; die Ziele haben sich nicht verändert.

Wir müssen *mit*einander an Deck bleiben. Und es gilt erhöhte Wachsamkeit: Sonst zerschellt tatsächlich jene Titanic, die die Unionskonservativen immer tiefer in die Eisberge steuern, während eine grün-livrierte Schiffskapelle für Musik sorgt – bis auch ihr das Wasser bis zur Oberkante der Unterlippe steht. Hier gilt es wirklich, ins Ruder zu greifen und einen verhängnisvollen Kurs zu korrigieren.

Es freute mich, daß mein Wort von den »parteilosen Sozialdemokraten« verstanden wurde. Selbstverständlich wünsche ich der Partei viele neue Mitglieder. Aber es lohnt sich, zur Kenntnis zu nehmen, daß es – zumal im Umkreis künstlerischer, intellektueller, wissenschaftlicher Berufe – nicht jedermanns Sache ist, sich parteipolitisch formell zu binden. Dies zu begreifen gehört ebenfalls zur Verantwortung für die Partei der Freiheit. Mündige Bürger können in unterschiedlichen Formen des Zusammenwirkens Nützliches bewirken. Zur Mitarbeit sollten auch Nichtmitglieder willkommen sein.

Wir brauchen die kritische Sympathie der sogenannten Außenseiter. Wir brauchen auch die Unbequemen. Die Querdenker. Sogar bunte Vögel, die sich gelegentlich über uns lustig machen. Eine Partei vom Schlag der deutschen Sozialdemokratie darf nie und nimmer der Versuchung geistiger Anspruchslosigkeit erliegen. Und Mangel an Humor ist auch kein Schlüssel zum Erfolg.

Die Partei ist in ihrem Kern gesund. Ich sage das nicht zuletzt wegen eines Teils der Erfahrungen, die ich im März sammelte, nachdem ich eine tüchtige junge Frau – Tochter nichtdeutscher Eltern und noch nicht bei uns organisiert – für die Pressearbeit beim Parteivorstand vorgeschlagen hatte. Manches, was ich bei der Gelegenheit zu hören und zu lesen bekam, war so erschreckend, daß sich in mir alles gegen eine Wiedergabe sträubt; mit *sozialdemokratischem* Stallgeruch hatte das nichts zu tun.

Und ich muß dringend darum bitten, nicht nur abstrakt, sondern Bedürftige auch ganz konkret daran zu erinnern, daß die SPD eine europäische Partei ist und unter dem Gesetz der Völkerverständigung zu wirken begann. Fremdenfeindlichkeit dürfen wir nie unwidersprochen lassen. Wir müssen ihr so entgegentreten, daß auch Banausen merken, woran sie bei uns sind.

Im übrigen: Daß ich es für möglich hielt, eine nicht mit Betriebsblindheit geschlagene intelligente Person könne eine besondere Fertigkeit entwikkeln, einer breiteren Öffentlichkeit unsere Politik nahezubringen, mag ein Irrtum gewesen sein. Bei derjenigen, die der Sturm durch meinen Irrtum heimsuchte, habe ich mich entschuldigt. Ich habe auch diejenigen um Verständnis zu bitten, die ich mit meinem unkonventionellen Vorschlag schreckte. Trotzdem bleibe ich bei dem, was ich in der denkwürdigen März-Sitzung des Parteivorstands in die Worte faßte: Wir waren schon mal weiter.

In den Briefen hat, wie ich hinzufügen darf, der *Anlaß* zum vorgezogenen Wechsel im Parteivorsitz ein wesentlich positiveres Echo gefunden, als mancher vermutet haben mag. Ich habe vom Anlaß gesprochen, muß dann auch den *Grund* benennen. Der ist einfach: Wenn etwas nicht mehr trägt, das lange getragen hat – wenn aus einer Personalfrage eine Haupt- und Staatsaffäre wird und eine einflußreiche Minderheit von Mandatsträgern ausschert –, dann ist es in meinem Dienstalter an der Zeit, die Seite umzuschlagen. Das Buch ist jedoch nicht zu Ende, ein neues Kapitel beginnt – immer noch, oder jetzt erst recht, unter dem Gesamttitel: Frei und links.

Weshalb sollte ich nicht in allem Freimut hinzufügen, daß mir ein anderer Abgang lieb gewesen wäre. Es war und ist noch so viel zu tun. Die Erneuerung nach dem Scheitern der sozial-liberalen Koalition war noch nicht weit genug gediehen. Das Bündnis Arbeit-Kultur-Wissenschaft noch nicht neu geformt. Die Labilität der Wählerentscheidungen noch nicht überwunden. Unsere Einsichten wurden noch nicht von einer hinreichend großen Zahl der Wähler angenommen. Was nicht beweist, daß die Einsichten falsch sind.

Es liegt auf der Hand: Eine Partei der Reformen muß immer auch zur eigenen Reform fähig sein. Die SPD als Organisation bedarf jedenfalls anhaltender Pflege und erheblicher Modernisierung. Die alterfahrenen Parteisekretäre wissen und sagen: Eine schwache Organisation kann verhindern, daß eine gute Politik wirksam wird; aber eine unzulängliche Politik kann auch durch eine starke Organisation nicht lange ausgeglichen werden. Wir wären töricht, die Stärkung der Parteiarbeit zu vernachlässigen, sie nicht mit Eifer und Intelligenz voranzutreiben; aber Kraft gewinnen wir aus der Substanz unserer politischen Ideen.

Der Umgang miteinander in der Partei könnte mancherorts meinem Eindruck nach besser sein. Die Fähigkeit zum Dialog und die Bereitschaft, sich mit veränderten Mehrheitsverhältnissen abzufinden, sind nicht überall gleich gut entwickelt. Wir kennen keine unumstößlichen Beschlüsse, doch es bekäme uns schlecht, wenn Entscheidungen von Parteitagen in belanglose Unverbindlichkeiten mündeten. Dies darf unsereins ebensowenig durchgehen lassen wie leichtfertigen Umgang mit innerparteilicher Demokratie.

Was beschlossen ist, muß bis zu einer möglichen demokratischen Korrektur für alle gelten, auch für solche, die sich für noch viel bedeutender als andere halten. Schon gar nicht überzeugend ist es, wenn manche an einem Tag Solidarität beschwören, um am nächsten Tag denen behilflich zu sein, die – bildlich gesprochen – auf der anderen Seite der Barrikade zu Hause sind. Ich äußere mich zu diesen Dingen unbefangen als einer, der im Laufe der langen Jahre bekanntlich nicht immer zur Mehrheit gehörte und der sich nicht gescheut hat, seine Meinung zu ändern, wenn veränderte Einsichten dies angezeigt erschienen ließen.

Aus der Arbeit am neuen Grundsatz-Programm

sollte ein großes deutsches, sogar europäisches Gespräch über die Politik für das Jahr 2000 werden können. Am ersten Entwurf habe ich gern mitgewirkt; er ist zu lang und noch nicht präzis genug. Er ist jedoch eine geeignete Diskussionsgrundlage, die es erlaubt, miteinander zu prüfen: Wie können wir die Notwendigkeit eines schwierigen Wandels bestehen? Wie unvermeidlichen Zwiespalt ertragen? Wie wird der demokratische Sozialismus die Wirklichkeit in vitaler Skepsis formen, wie die Gesellschaft zur Hoffnung ohne oberflächlichen Optimismus ermutigen?

Dabei gilt es dann nicht zu vergessen, daß große Dinge noch nie durch Intelligenz allein bewirkt wurden. Sozialdemokratische Politik muß Herz und Verstand, Leib und Seele haben.

Dies hat auch damit zu tun, wie wir uns um unser großes geschichtliches Erbe kümmern. Wie wir wachhalten und weiterwirken lassen, was vor uns gedacht, gestritten und gelitten wurde. Das bleibt eine stolze Tradition. 1988 wird die Partei – seit der Gründung des Allgemeinen Deutschen Arbeiter-Vereins – 125 Jahre auf dem Buckel haben. Und 75 Jahre werden dann vergangen sein, seit der Drechslermeister aus Leipzig, Parteiführer während der Jahrzehnte des Durchbruchs, in Zürich begraben wurde.

Niemand muß mich darüber belehren, daß Mehrheiten nicht allein mit Programmen, auch nicht mit Geschichtsbüchern gewonnen werden.

Nur, das Feuer der Begeisterung erlischt und die Quelle der Kraft versiegt, wenn die Grundlagen politischen Wirkens nicht mehr im Ringen der Meinungen erarbeitet, sondern nur noch irgendwo eingekauft und irgendwie zugeliefert werden. Und mindestens an dieser Stelle darf ich das »als auch«, mir nicht immer fair angehängt, hinzufügen: Wer meint, er habe mit dem Beschreiben von Papier schon Politik gemacht, der hat auch nicht viel begriffen.

Ich weiß: In der Politik ist es wichtiger, recht zu bekommen, als recht behalten zu haben. Aber demokratisches Verantwortungsbewußtsein gebietet auch den Mut zum Unbequemen und gelegentlich Unpopulären, zum berühmten, nicht selten berüchtigten Aussprechen, was ist! Dies gehört zum Kampf um Führung und neue Mehrheiten. Dies gehört zur Verantwortung für die Partei der Freiheit.

Sie hat viel hinter sich, unsere Partei. Wenn sie die Energien der Geschichte recht zu nutzen weiß, heißt das: Sie hat auch viel vor sich. Die deutsche Sozialdemokratie ist dazu da, unser Land in Europa zu besserem zu prägen.

Ich habe mich immer mal wieder gefragt: An welche Jahrzehnte haben sich wohl diejenigen Zeitgenossen erinnert, die meinten, das sozialdemokratische Jahrhundert sei vorbei. Haben sie die beiden Weltkriege, Faschismus und Stalinismus ausgeblendet, die großen Wirtschaftskrisen und die neuen existentiellen Bedrohungen? Nein, die Epoche der sozialen Demokratie muß erst noch kommen, falls und damit es ein Überleben der Menschheit gibt.

Nein, die alten Herausforderungen lassen uns nicht los. Die Sache der sozialen Demokratie hat die Zukunft nicht hinter sich; und der Friede braucht uns allemal. Aber: Die Sozialdemokratie muß sich als Volkspartei ständig erneuern. Nur so kann sie sich als bewegende Kraft bewähren.

Dazu gehört, daß das Bündnis, von dem ich sprach – Arbeit, Kultur, Wissenschaft – erneuert wird, daß es vital und tragfähig ist. Vielleicht ist das nicht genau die Mitte, aber die Mehrheit ist es allemal.

Mit solchen Allgemeinheiten – an denen immer etwas richtig ist – wie zum Beispiel, daß es »auf die Mitte« ankomme, ist uns wenig gedient. Gewiß, daß nicht die Mehrheit finden kann, wer nicht in die Mitte reicht, darauf war unsereins auch schon gekommen. Ich weiß aber auch, daß sich das Harmoniebedürfnis vieler Menschen durch Besetzung des Mitte-Begriffs ausbeuten läßt. Dies haben uns geschickte Reaktionäre bis zum Überdruß vorexerziert. Mir ist der Wettlauf um das Aneignen von Begriffen zuwider. Im konkreten Fall könnte man manchmal meinen, es solle erneut ermittelt werden, wieviel Engel auf der Nadelspitze Platz hätten. Gleichwohl, das zugrunde liegende Problem politischer Psychologie muß ernstgenommen werden.

Wenn man mit dem Mitte-Begriff nicht betrügerisch umgeht, kann man ihn für jenen Wesenskern einer Verfassung verwenden, der genügend unerfüllte Aufträge bereithält. Er mag auch für das Bemühen stehen, legitime Interessen zum Ausgleich zu bringen. Wie in der Frage der Mitbestimmung in allen Bereichen, die ihr zugänglich sind. Wie in der auch sonst wieder zu weckenden Bereitschaft, Demokratie zu wagen.

Daß die Sozialdemokratie wieder und weiter ihre Hauptverankerung bei den Arbeitnehmern findet, ist eine der Selbstverständlichkeiten, auf deren Wiederholung wohl nicht verzichtet werden kann. Wo denn sonst? Ich habe das Wort derer, die für den Arbeitnehmerbereich sprechen, immer wichtig genommen. Den gelegentlich sich wiederholenden Versuch, sie für innerparteiliche Sonderinteressen in Anspruch zu nehmen, halte ich für abwegig. Zu den Menschen, denen ich mich am Ende dieses Wegabschnitts besonders verpflichtet fühle, gehören viele Kollegen aus der Führung der Gewerkschaften, aus den Betriebsräten und Betriebsgruppen.

Doch auch dies wird weiterwirkend zu gelten haben: Freiberufler und Landwirte, Unternehmer und Manager sind der Partei willkommen, wenn sie in ihr mit gleichen Rechten und Pflichten wirken wollen. Unsere SPD hat für alle offen zu sein, die ihren grundsätzlichen Zielen zustimmen. Eine Hausfrau muß der Partei soviel wert sein wie ein Facharbeiter; und der selbständige Software-Berater hat das gleiche Recht, unsere Politik mitzugestalten, wie der Beamte, der in der ÖTV, oder der Soldat, der im Bundeswehrverband organisiert ist. Oder der schreibende Zeitgenosse, der nicht meint, er habe seiner sozial-liberalen Pflicht schon Genüge getan, wenn er sich für einen blaugelben Wahlaufruf vereinnahmen läßt.

Was das Verhältnis von Partei und Gewerkschaft angeht: Unbeschadet der gemeinsamen Herkunft und der inhaltlichen Nähe – besonders, wo es um Arbeit und soziale Sicherheit geht oder um die demokratische Kontrolle ökonomischer Übermacht – wird es dabei zu bleiben haben, daß keine der verlängerte Arm der anderen sein kann. Den Gewerkschaften muß an ihrer parteipolitischen Unabhängigkeit liegen. Die Partei hat gesellschaftlich weiter zu greifen.

Am 3. Oktober 1957 wurde Willy Brandt zum Regierenden Bürgermeister von Berlin gewählt. Als Nachfolger von Ernst Reuter und Otto Suhr leitete er die Geschicke der Inselstadt durch neun bewegte Jahre. Seit Februar 1964 Vorsitzender der SPD, wurde Brandt knapp zwei Jahre später Außenminister und Stellvertreter des Bundeskanzlers in der gegen teilweise heftige parteiinterne Widerstände durchgesetzten Großen Koalition. Sein Amt in Berlin übernahm zunächst Heinrich Albertz, dann für ein Jahrzehnt Klaus Schütz. 1971 wurde Brandt zum Ehrenbürger der Stadt ernannt.

Die Aufnahme vom Landesparteitag der SPD-Berlin im Mai 1952 zeigt den jungen Abgeordneten – sowohl des Bundestages als auch des Berliner Abgeordnetenhauses – am Tisch mit einigen aus der alten Garde der Partei: Erich Ollenhauer, der nach dem Tod Kurt Schumachers im August des gleichen Jahres den Parteivorsitz übernahm, im Gespräch mit dem Regierenden

Bürgermeister von Berlin, Ernst Reuter; dahinter Louise Schroeder, die in den Wirren der Nachkriegszeit tapfer und mutig für die Freiheit Berlins eintrat, und der Reichstagspräsident der Weimarer Republik, Paul Löbe; die beiden letzteren ab 1949 auch im Bundestag.

Anfang 1959 machte Willy Brandt eine »Weltreise«, die ihn u.a. in die wichtigsten Staaten Asiens führte. Vor allem besuchte er die Regierungen in Washington, London und Paris, um mit ihnen über die Lage Berlins zu sprechen. Diese war aufgrund eines sowjetischen Ultimatums von Ende 1958 – Berlin sollte als »Freie Stadt« von der Bundesrepublik getrennt

werden – kritisch geworden. Ein von Chruschtschow angeregtes Gespräch kam nicht zustande – ebensowenig wie 1963 –, weil auf westlicher Seite kein einheitlicher Standpunkt gefunden werden konnte. Nach Rückkehr von seiner »Reise für Berlin« unterrichtete Brandt – wie bei anderen Gelegenheiten – Bundeskanzler Adenauer.

Am 26. Juni 1963 geriet Berlin in einen wahren Taumel. Höhepunkt der Jubelfahrt durch die Stadt war Kennedys berühmt gewordene Rede vor dem Schöneberger Rathaus; sein Bekenntnis zu Berlin unterstrich die amerikanischen Garantien für den Westteil der Stadt. Fünf Monate später wurde Kennedy in Dallas ermordet. Brandt hatte sowohl zu John F. als auch zu dessen Brüdern ein freundschaftliches Verhältnis. Amerikanischer Stil beeinflußte sein politisches Auftreten in den sechziger Jahren.

In den Morgenstunden des 13. August 1961 begannen DDR-Streitkräfte damit, quer durch Berlin Stacheldraht zu legen und andere Sperren zu errichten; in den folgenden Tagen wurde die berüchtigte Mauer hochgezogen, die den Ostteil der Stadt endgültig von den Westsektoren abschnitt. Die Empörung der Westberliner Bevölkerung drohte stellenweise in direkte Konfrontation umzuschlagen. Bei einer Massenkundgebung vor dem Schöneberger Rathaus am 16. August, zu der sich eine halbe Million Menschen einfanden, versuchte Willy Brandt unbedachtes Handeln abzufangen, obwohl er selbst eine festere Haltung der Alliierten forderte.

Die deutschen Gewerkschaften haben auch neuerdings beeindruckende Erfolge vorzuweisen. Aber aus der Gefahrenzone reaktionärer Drangsalierung sind sie nicht heraus. Auch nicht aus dem Risiko widerwärtiger Kampagnen, wie wir sie am Beispiel »Neue Heimat« als wohlinszenierte Belastung gerade auch der Partei in frischer Erinnerung haben. Wachsamkeit bleibt geboten. Und Bereitschaft zur Solidarität – diese natürlich nie zur Einbahnstraße umgeschildert, denn dann wäre es keine.

Was den Strukturwandel der Arbeitswelt angeht, die Umschichtungen innerhalb der Arbeitnehmerschaft – und was dies etwa für die Sozialstruktur der Städte bedeutet –, so kann ich mich nur wundern, wer alles meint, die Welt neu entdecken zu sollen; schaut man in meine Parteitagsreden von vor zwanzig Jahren und mehr, läßt sich leicht feststellen, daß wir nicht samt und sonders die Zeichen der Zeit übersehen haben. Heute begnüge ich mich mit nicht mehr als einer zusätzlichen Banalität: Es gibt nur noch *eine* »natürliche« Mehrheit in unserem Volk – die der Frauen. Aber soziale Bündnisse, die neuen politischen Mehrheiten auf den Weg helfen, die *lassen* sich schmieden – mit Geist und Fleiß und nicht zuviel Geduld.

Ich freue mich wirklich darüber, daß Kulturschaffende von Rang und in stattlicher Zahl sich wieder zu Wort melden, wenn Weichenstellungen für diese Republik anstehen. Niemand möge daraus ableiten wollen, das geistige Deutschland lasse sich irgendeinem Parteireglement unterordnen. Partnerschaft ist gerade hier das Beste, das man erreichen kann.

Mit großer Befriedigung möchte ich hier feststellen, für wie wichtig ich es halte, daß im Laufe der Jahre ein unverkrampftes Gespräch mit *beiden* Kirchen möglich geworden ist. Wir haben nicht akzeptiert, daß eine Partei als ganze christlich sein könne. Aber daß in der Politik christliche Verantwortung möglich ist – dies aus sozialdemokratischer Sicht deutlich gemacht zu haben gehört zu den bedeutenden Leistungen der hinter uns liegenden Jahre. Dies bedeutet ja gerade nicht, daß die Partei den falschen Ehrgeiz hätte, zu einer Art Fortsetzung von Kirchentagen mit anderen Mitteln zu werden.

Wir wissen: Ein Überangebot an einfachen und zugleich überzeugenden Antworten gibt es nicht. Und ich rate dazu, heute wie vor Jahr und Tag, den glatten Lösungen zu mißtrauen. Häufig sind es ja doch bloß Phrasen. Unsere Erfolge in den vergangenen Jahrzehnten wuchsen uns zu, weil wir es uns nicht leichter, sondern weil wir es uns schwerer machten als andere.

Ich registriere, wie sehr sich interessierte, auch intelligente Beobachter von dem Gedanken gefangennehmen lassen, die deutsche Politik würde noch längere Zeit in einer Art Immobilität verharren. Das eigentlich Interessante könnte sein, hört man gelegentlich, ob sich eine Rechtsaußenpartei von einiger Bedeutung formiert und ob es zutrifft, daß die Zukunft der Parteigründer im eher linken Spektrum nicht so grün aussieht, wie sie es hofften. Ich bin so sicher nicht und muß beide Fragen heute offenlassen. Bis auf das Konstatieren einer leicht rechtslastigen Labilität, die gegenwärtig nicht nur für die Bundesrepublik kennzeichnend ist. Nicht nur bei uns – wie voriges Jahr in Niedersachsen, im April in Hessen oder auch im Mai in Rheinland-Pfalz – liegen die Ergebnisse der fiktiven, nicht realen »Blöcke« nahe beieinander. Also, nur wenn man auf das Parteienspektrum im ganzen schaut und nicht allein auf das Verhältnis zwischen den beiden großen Parteien.

Immerhin lohnt es, deren aktuelle unterschiedliche Entwicklung festzuhalten. Die Ergebnisse der letzten Wahlen – und ich nehme die zum Bundestag nicht aus – haben gezeigt: Die SPD hat nichts an wirklicher Substanz verloren, sie gewinnt wieder neue Kraft. Für die CDU – bei der CSU nicht so deutlich sichtbar, aber im Prinzip nicht anders – gilt das Gegenteil: Sie verliert politisch an Substanz und an Kraft. Versuche, diesen Prozeß durch rechte Verbal-Kraftakte aufzuhalten, werden ihn vermutlich beschleunigen. Die SPD ist auf einem eher positiven Weg.

Für die Stabilität unseres Staates haben die beiden großen Parteien entscheidende Bedeutung. Ihr Verhältnis zueinander bleibt wichtig auch im schroffen Gegeneinander. Die Voraussetzungen dafür, im Bund eine Regierung auf breiter parlamentarischer Grundlage zu bilden, sind auf absehbare Zeit nicht gegeben. Man sollte auch nicht wünschen, daß sie sich einstellen, denn das hieße, auf eine Notlage zu setzen. Daß ich im übrigen undogmatisch bin, läßt sich aus früherem Verhalten ableiten – in Berlin und danach in Bonn –, wenn ich auch hier wie dort schließlich die Erfahrung machte, daß eine Weiterführung der Koalition mit der CDU Versagen in der Außen- und Deutschlandpolitik bedeutet haben würde. Aber auch ohne Koalition: Aus nationaler und europäischer Sicht und zugleich wegen einiger parteiübergreifender Aufgaben im eigenen Land spräche viel dafür, daß die großen Parteien versuchten, sich aus der Verkrampfung des Verhältnisses zueinander zu lösen. Das Zerschlagen verhetzender Konfrontationsstrategien ist freilich schwieriger, als manche denken.

Doch das Thema neuer Bewegung in der deutschen Politik beschränkt sich nicht auf das Verhältnis der Großen zueinander. Mit Erstaunen habe ich zur Kenntnis genommen, was alles noch vor kurzem an erstaunlichen Thesen verkündet wurde: Als ob man nur bei eigener Mehrheit das Regieren anstreben dürfe. Als ob die SPD mit *einer* neuen Partei *nie* zu tun haben dürfe. Als gebe es eine sozialdemokratische Doktrin für ein zeitweiliges Zusammengehen oder Nichtzusammengehen mit einer anderen Partei. Jetzt mal ganz davon abgesehen, daß wir uns im vorigen Jahr eine gespenstische sogenannte Wahlziel-Diskussion haben aufreden lassen. Dabei konnte doch kein Zweifel daran sein, daß jeder für die Partei das beste Ergebnis wollte.

Sozialdemokratischer Tradition und Programmatik entspricht es natürlich nicht, zur Übernahme von Verantwortung auf Regierungsebene nur bereit zu sein, wenn man über die Zusammensetzung des Kabinetts allein entscheiden kann. In den Ländern ist im ersten Vierteljahrhundert nach Kriegsende in dieser Hinsicht ziemlich unkonventionell entschieden worden. Im Bund allerdings hat das Lagerdenken der Rechten rasch die Oberhand gewonnen; es kehrte nach dem Ende der sozial-liberalen Ära fast automatisch wieder.

Die meisten scheinen überdies nicht zu wissen, daß man schon im Kaiserreich pragmatischer war, als es der reinen Lehre zu entsprechen schien. Nach dem Fall Bismarcks und des Anti-Sozialistengesetzes nutzte die alte SPD die Chance des relativen Mehrheitswahlrechts, um durch Absprachen mit den Liberalen bei Stichwahlen an Mandaten herauszuholen, was sich herausholen ließ. Diese Taktik trug dazu bei, daß die Sozialdemokratie vor 75 Jahren – Anfang 1912 – die stärkste Fraktion im Reichstag stellen konnte. Natürlich kann keine Rede davon sein, daß Maximalismus – also alles oder nichts zu fordern – oder gar Selbstisolierung zu den Leitgedanken sozialdemokratischer Politik gehörten. Die Dreiparteien-Gruppierung, die 1919 die Weimarer Republik aus der Taufe hob, hätte Deutschland viel ersparen können; sie scheiterte an ihren eigenen

Schwächen. Was sich durchsetzte, war jenes Rechtskartell, mit dessen Hilfe schon 1907 – bei den Hottentotten-Wahlen – auf Deubel-komm-raus versucht worden war, die Sozialdemokraten aus dem Reichstag herauszudrängen. Immer kehrt sie wieder: eine Allianz aus engstirnigen Nationalisten, konservativen Parteiliberalen und reaktionären Konfessionspolitikern. Diese Lagermentalität und dieses Blockdenken haben über Deutschland und Europa viel Unglück gebracht. Die Spuren sollten schrecken.

Eine überflüssige Fracht ist uns in den letzten Jahren aufgeladen worden, als man von rechts die Kommunistenfurcht früherer Zeiten mobilisierte und uns anzuhängen versuchte, wir wollten ein »rot-grünes Chaos«, wenn nicht herbeiführen, so doch in Kauf nehmen. Kein Zweifel, daß hier auch mit Aversionen gearbeitet wurde, die sich aufgrund sehr unterschiedlichen Lebensgefühls mobilisieren ließen.

Im Bundestagswahlkampf hätte es leichter sein sollen, als es dann war, uns dieses Thema vom Leib zu halten. Denn wir stimmten alle in folgendem überein: Auf wichtigen Gebieten der Bundespolitik, und zwar nicht nur der auswärtigen, waren die Standpunkte so weit voneinander entfernt, daß nicht an eine gemeinsame Regierungsverantwortung zu denken war – selbst wenn die Zahl der Mandate gereicht hätte. Der überbordende fundamentalistische Unsinn hat den Abstand erheblich vergrößert. Diese Entwicklung trug der Sozialdemokratie inzwischen neue Sympathien ein.

Es konnte und es kann keinen Zweifel geben, daß die Partei-Grünen Gegner sind. Freilich, eigene Versäumnisse haben dazu beigetragen, diese Gruppierung – für eine gewisse Zeit – stark werden zu lassen. Auch darf uns Sozialdemokraten nicht gleichgültig lassen, was aus den jungen und nicht so jungen Menschen wird, die in der Friedens- und Umweltpolitik etwas tun wollen. Bewegungskraft kommt nicht aus dem Zuschauen.

Ende Januar, unmittelbar nach der Bundestagswahl, stimmten wir im Parteivorstand und Parteirat nahtlos darin überein, daß wir das Gesetz des Handelns in die Hand nehmen und die Repräsentanten der neuen Partei – wie andere auch – veranlassen sollten, zu den realen Problemen der Menschen und ihrer Gemeinwesen Farbe zu bekennen. Wir waren uns auch darin einig, daß wir in Gemeinden, in den Ländern, gegebenenfalls auch im Bund von Fall zu Fall darüber zu entscheiden hätten, ob und wie im Zusammenwirken mit anderen ein jeweils wesentlicher Teil unserer Vorstellungen durchgesetzt werden kann. Ich erkenne keinen Grund, dahinter zurückzugehen. Entscheidend ist nicht, mit wem, sondern für was.

Die bleibende Lehre ergibt sich aus der Frage: Darf die SPD es zulassen, daß ein Bürgerblock mit seinen publizistischen Hilfstruppen darüber entscheidet, ob dann, wenn die parlamentarische Konstellation dies möglich macht, die SPD teilhat an der Regierungsverantwortung oder nicht? Wollten und wollen wir zulassen, daß die Rechte uns unserer Bewegungsfreiheit beraubt und uns von ihren Gnadenerweisen abhängig macht? Ich meine: Darauf dürfen Sozialdemokraten sich auch in Zukunft nicht einlassen.

Es ist bekannt, daß ich die sture und durchgängige Übertragung eines Bonner Koalitionsmodells auf die Länder für abwegig halte. Es war lange anders, und das bundesstaatliche Prinzip zielt gewiß nicht auf Gleichschaltung. Der Rechtsdrall in der Führung der U-Parteien hat sich hier schlimm ausgewirkt. Die gegenwärtige, rechtsdrallige Führung der Bundes-FDP war in hohem Maße mitverantwortlich für diese stille Gleichschaltung. Sie hat von sich aus – ganz gegen ihre eigenen Interessen möchte man meinen – den früher so genannten Bürgerblock wieder belebt. Doch es ist keine Politik, sich darüber nur aufzuregen. Ich bin nicht für Hektik, sondern für ein beharrliches Bemühen, eine ungesunde Erstarrung im Verhältnis der Parteien zueinander zu einem Thema zu machen, das nicht allein die Parteien angeht.

Auch hierbei halten wir uns am besten frei von Illusionen. Aber das Vertrauen in die Chance der Vernunft und die potentielle Kraft der Moral, das brauchen und das dürfen wir nicht preisgeben.

Ich sage Euch: Zufriedenheit wird keinem zuteil, der resigniert. Keiner wird etwas gewinnen, der die Mutlosigkeit zum Programm macht.

Im Sommer 1971, ein Jahr nach der Unterzeichnung des Moskauer Vertrages, war Willy Brandt Gast des sowjetischen Parteichefs auf der Krim. Die Bilder, die Brandt und Breschnew gutgelaunt in sommerlicher Urlaubsstimmung zeigen – wie hier bei einer Bootsfahrt auf dem Schwarzen Meer –, gingen damals um die ganze Welt und trieben die ohnehin stark divergierenden Meinungen über Brandts Entspannungspolitik noch weiter auseinander. Den einen waren diese Bilder der Beweis einer Kumpanei, mit der man vermeintliche deutsche Interessen »verkauft« habe; andere, vor allem auch Jüngere, erkannten darin Gesten eines neuen Umgangs und einer neuen Ära.

Im März 1970 betrat zum ersten Mal ein deutscher Bundeskanzler den Boden der DDR. Am Bahnhof in Erfurt wurde Brandt vom DDR-Ministerpräsidenten Willi Stoph begrüßt. Die anschließenden Gespräche galten einer vorsichtigen

Überprüfung des deutsch-deutschen Verhältnisses. Die schwierigen Gespräche, die zwei Monate später in Kassel fortgesetzt wurden, ebneten den Weg für den Grundlagenvertrag zwischen den beiden deutschen Staaten.

Am 12. August 1970 wurde im Katharinensaal des Kreml der Moskauer Vertrag über Gewaltverzicht und Zusammenarbeit unterzeichnet. Dieser Vertrag, Grundlage der weiteren Gespräche mit den Nachbarn im Osten – und in gewisser Hinsicht ein Gegenstück zu Adenauers West-Verträgen –, eröffnete der Bundesrepublik eine neue Handlungsfreiheit. »Es ging uns

darum und so muß es bleiben, der Verankerung im Westen jeden möglichen Ausgleich mit dem Osten hinzuzufügen.« Von links nach rechts: Bundesaußenminister Scheel, Bundeskanzler Brandt, Alexej Kossygin, Vorsitzender des Ministerrats der UdSSR, und Außenminister Gromyko. In der Mitte Breschnew, hinter Kossygin Egon Bahr.

Unterzeichnung des Vertrages zwischen der Bundesrepublik Deutschland und der Volksrepublik Polen über die Grundlagen der Normalisierung ihrer gegenseitigen Beziehungen am

7. Dezember 1970 im Palais des Ministerrates in Warschau. Bundeskanzler Brandt und der polnische Ministerpräsident Józef Cyrankiewicz bei der Unterzeichnung.

Eine weltweit beachtete Geste der Versöhnung: Brandts Kniefall vor dem Ehrenmal für die Opfer der Nazi-Herrschaft im ehemaligen Warschauer Ghetto.

Im Mai 1985 besuchte Brandt den neuen Mann in Moskau, Michail Gorbatschow. Zu den Abrüstungsvorschlägen Gorbatschows und Reagans hat Brandt wiederholt Stellung bezogen: Die Chancen einer zweiten Phase von Entspannungspolitik müßten entschlossen genutzt werden; wer die Chancen vertue, weil er alles auf einmal wolle, lade vor der Geschichte untilgbare Schuld auf sich. Auch Fragen der Menschenrechte spielten bei Brandts Gesprächen in Moskau eine Rolle.

Friede

Wenn wir gefragt würden: Was habt Ihr in den letzten Jahrzehnten zustande gebracht, so würde in unserer Antwort die Friedenspolitik bestimmt nicht an letzter Stelle stehen. In der Tat: Das Ringen um Entspannung, Rüstungsabbau und Zusammenarbeit, um europäische Selbstbehauptung und jeden möglichen, realistischen Ost-West-Ausgleich, das Einstehen für Menschenrechte und für mehr Gerechtigkeit (und Vernunft) in den Nord-Süd-Beziehungen, nicht zuletzt auch der Übergang von einer deklamatorischen zu einer konkreten Deutschland-Politik: aus der Zusammenfügung dieser Inhalte und Orientierungen ist ein gutes Markenzeichen der deutschen Sozialdemokratie geworden.

Dabei haben wir in unserem Verhältnis zum Westen im allgemeinen und zur europäischen Einigung im besonderen nie geschwankt. Es ging uns darum – und so muß es bleiben –, der Verankerung im Westen jeden möglichen Ausgleich mit dem Osten hinzuzufügen. Dies gehörte dazu, als ich 1969 von »Kontinuität und Erneuerung« sprach. In den folgenden Jahren waren einige Fortschritte zu verzeichnen, auf die wir uns berufen können. Indessen, wir haben den Kampf um die Friedenspolitik nicht mit dem vollen Mut zur Kontroverse durchgehalten. Dabei gilt auch für die Linke: Wer sich aus ideologischer Voreingenommenheit nicht zu befreien vermag oder wer sich in geopolitischen Ängsten verliert, der wird nichts bewegen, was über regierungsamtlichen Opportunismus hinausreicht.

Ich meine, die nationale Komponente unserer Außen- und Sicherheitspolitik ist bei weitem nicht immer deutlich genug sichtbar gemacht worden. Für mich war immer auch *nationaler* Verrat, was die Nazis mit Deutschland angestellt haben. Für mich beruhte die Politik der kleinen Schritte *auch* auf der Logik, daß die Nation nicht Bestand hat, wenn ihre Menschen immer weniger voneinander wissen. Ich habe *auch* aus Gründen der nationalen Existenz leidenschaftlich vor dem gewarnt, was eine militärische Entladung des Ost-West-Konflikts bedeuten würde. Deshalb ja auch der von anderen wiederholte Hinweis, den ich im März 1970 in Erfurt gab, wir seien uns sicher darin einig, »daß von deutschem Boden kein Krieg mehr ausgehen darf«. Die darauf beruhende, wenn auch erst in Ansätzen vorhandene Verantwortungsgemeinschaft der Deutschen, Initiativen ihrer beiden Staaten für den Frieden, Vereinbarungen der Regierungen zugunsten der Menschen und über beiden Seiten hilfreiche Zusammenarbeit – das alles hat in dieser Phase der Entwicklung, auch an der nationalen Elle gemessen, viel mehr Gewicht als alle inhaltsleere Wiedervereinigungs-Rhetorik.

Die Sache der Nation – in friedlicher Gesinnung und im Bewußtsein europäischer Verantwortung – ist und war von Anfang an bei der demokratischen Linken besser aufgehoben als bei anderen. Heute sollte das für die große Aufgabe der europäischen Einigung gleichermaßen gelten.

Was wäre Deutschlands Ruf heute ohne den mutigen Widerstand von Tausenden seiner besten Söhne und Töchter? Ausländische Kritiker haben gelegentlich übersehen, daß deutsche Demokraten und Antifaschisten schon sieben und mehr Jahre im Lager saßen, als die Kameraden aus dem besetzten Europa zu ihnen gestoßen wurden. Man weiß, daß gerade ich es nicht an Respekt vor den Opfern jenes Aufbegehrens habe fehlen lassen, das in den 20. Juli '44 mündete – der *Anfang* des Widerstandes war das nicht. Und der polnische Papst möge es mir verzeihen: Die Kirche war damals bei uns auch nicht ganz so mutig, wie einige es heute wahrhaben möchten.

Wenn ich mir ein Versäumnis vergangener Jahre besonders ankreide, dann dieses: daß ich mich – ohne Verluste zu scheuen – nicht viel energischer gegen die Schmähungen durch unverbesserliche und unbewußte Hakenkreuzler ins Zeug gelegt habe. Es bereitet mir nur eine gewisse Genugtuung, daß nicht wenige, die unsere Vertragspolitik Verrat nannten, heute Kontinuität beteuern, Kredite besorgen und einander die Türklinken in die Hand geben, wenn in Leipzig oder Moskau oder sonstwo

Geschäfte zu machen sind. Es ist eine nur kleine Genugtuung, wie gesagt.

Der schwedische Kanzler Oxenstierna – wenn Du wüßtest, mein Sohn! – hat schon vor dreihundert Jahren über die Dummheit geklagt, mit der die Welt regiert werde. Ich möchte den uns Nachfolgenden eindringlich raten, vor organisierter Verdummung und vor ausgeklügelter Gemeinheit als Mitteln der Politik sehr auf der Hut zu sein. Dazu gehört die brüske Zurückweisung der Versuche gewisser Zeitgenossen, darunter einiger Historiker, die Machenschaften von Verbrechern in Interessen der Nation umzudeuteln. Oder die Verantwortung für unsägliche Gewalttaten wegdividieren zu wollen – denn Schuld und Verantwortung nicht Stück für Stück abzutragen heißt, sie neuen Generationen aufzuladen. Und das ist das Gegenteil von Verantwortung vor der Geschichte.

Heute stehen Verantwortung und Schuld in einem neuen Zusammenhang. Ohne Zögern sage ich: Schuld lüde auf sich, wer dabei bliebe oder erneut versuchte, den jetzt möglichen Rüstungsabbau zu verhindern. Wenn die nuklearen Weltmächte nach langen Jahren unfruchtbarer Auseinandersetzungen und nach einem Zeitabschnitt der Sprachlosigkeit die Kraft zum Teilkompromiß aufbringen, so ist das eine große Sache. Das heißt ja nicht, die großen Gefahren, die bestehen bleiben, zu verkennen. Oder sich einzubilden, machtpolitische und – wie man sagt – ideologische Gegensätze ließen sich wegzaubern. Sozialdemokratischem Denken entspringen solche Fehleinschätzungen nicht. Wohl aber entspricht es auf fast klassische Weise unserem Verständnis von Politik, wenn wir ja sagen zum jeweils nächsten möglichen Schritt.

Ich überschätze nicht die Bedeutung dessen, was zwischen den Weltmächten im Gespräch ist. Von gesichertem Weltfrieden kann nicht gesprochen werden, wenn Atomraketen gewisser Kategorien abgezogen und verschrottet werden; aber für die Geschichte der Ost-West-Beziehungen wäre ein neues Datum gesetzt, möglicherweise die Chance einer neuen Entwicklung gegeben. Die Politik hätte in einem wichtigen Bereich wieder die Oberhand gewonnen über das militärische Kalkül. Falls sich dies bestätigte, wäre es ein Sieg der Vernunft über die entsetzliche Eigendynamik der Rüstung.

Dabei gilt es zu erkennen, daß weder ein Abzug der Mittelstreckenraketen aus Europa noch die Halbierung der interkontinentalen Zerstörungsmaschinen schon Antwort auf eine Reihe anderer sorgenvoller Fragen bedeuten: Wie zu konventioneller militärischer Stabilität gelangen? Was mit den atomaren Kurzstreckenwaffen tun? Was mit der chemischen Rüstung? Vor zwei Fallen muß man jedenfalls auf der Hut sein: Es kann nicht das Ziel von Abrüstung sein, Waffen in *einem* Bereich zu vernichten und dies durch Aufrüstung in einem *anderen* »auszugleichen«. Es kann auch nicht gutgehen, wenn man alles auf einmal will. Wer sich zuviel auf einmal vornimmt, wird nichts erreichen. Und es macht keinen Sinn, ein Paket aufzudröseln, um dafür ein neues zu schnüren.

Stabilität wird es nur geben können, wenn es gelingt, den Raketenehrgeiz zu bändigen und Rüstung in *allen* Bereichen zu reduzieren – und zwar so, daß es sich auf die Sicherheit im ganzen auswirkt. Auf diesem Wege könnte die Schaffung des atomwaffenfreien Korridors eine Etappe sein – ergänzt durch die Beseitigung auch konventioneller Waffen, die zu einem Überraschungsangriff nötig sind. Es würde eine Lösung für die Mittelstreckenwaffen sinnvoll ergänzen und sie weiterführen. Dies gilt auch für unsere – ebenfalls gemeinsam mit Kollegen aus der DDR-Führung ausgearbeiteten – Vorschläge, die chemischen Waffen aus beiden deutschen Staaten zu entfernen. Denn: wo anders lagern sie!

Vorschläge für eine konventionelle Rüstungsbegrenzung in Europa vom Ural bis zum Atlantik liegen auf dem Tisch. Abbau von Überlegenheiten, Sicherheit schaffen vor Überraschungsangriffen in Zentraleuropa – das wäre eine weitere wichtige Etappe. Es kam und kommt darauf an, eigene Vorschläge zu machen, statt an den Vorschlägen anderer immer nur herumzumäkeln. Unsere Partei hat keine Sorge, daß ein Feindbild verlorengeht. Wie faszinierend die Möglichkeit, daß es den Europäern *dauerhaft* abhanden käme!

Die Belebung der Abrüstungspolitik hängt, wie wir wissen, auch mit den Veränderungen zusammen, die sich in der Sowjetunion vollziehen. Es reicht vorerst vielleicht die Einsicht, daß wir Zeugen eines aufregenden, manchmal atemberaubenden Prozesses sind. Wenn die sowjetische Führung versucht, die gesellschaftliche Stagnation eines Staates zu überwinden, der in Wirklichkeit ein Kontinent ist, dann hat sie nicht notwendig unser Verständnis von politischer Demokratie im Sinn. Aber die zu verzeichnende Öffnung in wichtigen Bereichen ist bemerkenswert. Es wäre wichtig, wenn humanitäre Fragen und solche der Menschenrechte weiterhin vernünftig und konstruktiv beantwortet würden.

Doch dann, bitte, auch mit Deutlichkeit an die eigene, westliche Adresse: Wer es mit den Menschenrechten ernst nimmt, wer mit ihnen nicht nur Propaganda machen will, der kann nicht gegen Entspannung sein. Es ist unsere Pflicht, von der eigenen Regierung und von den Regierungen unserer Allianz zu fordern, daß die Chancen einer zweiten Phase der Entspannungspolitik nicht vertan, sondern genutzt werden.

Das gilt für ein weites Feld praktischer Kooperation. Es gilt für alles, was der Menschheit dabei hilft, nicht nur die quantitative, sondern auch eine qualitative Fortsetzung des Rüstungswettlaufs aufzuhalten. Europa ist in doppelter Hinsicht gefordert: in unserem Teil des Kontinents, von dem aufgrund überragender Existenzfragen starke sicherheitspolitische Initiativen ausgehen müßten; und für den *gesamten* Kontinent, der einer vertrauensschaffenden Sicherheitsstruktur bedarf; und die kann durch eine mannigfache positive Verflechtung von Interessen gefördert werden. In meiner Antrittsrede als Vorsitzender – einmal ist ein Selbstzitat erlaubt – sagte ich 1964: »Es ist an der Zeit, an Gesamteuropa zu denken.« Ich füge heute hinzu: Für die Deutschen in ihrer Gesamtheit gibt es keine Zukunft ohne oder gar gegen das europäische Haus.

Die europäische Einigung in unserem engeren Verständnis durfte und darf nicht nur im Schatten des Ost-West-Konflikts gesehen werden. Sie hat ihren Rang in sich selber – für die Gemeinschaft, der wir angehören, doch auch in einer weiterreichenden Dimension. Und wenn ich höre, wie kümmerlich aus amtlichem Mund »Europa« beschworen wird, frage ich mich – auch hier – gelegentlich: Was ist aus Adenauers Erbe geworden?

Es reicht nicht aus, auf Brüssel und auf die – im übrigen mitverschuldeten – Absurditäten im Agrarbereich zu schimpfen. Die Bundesregierung soll sich nicht um ihre Verantwortung drücken; ihre schwächliche Europapolitik ist notorisch; mit Duckmäuserei und Vetogeist läßt sich nichts nach vorn bewegen.

Nichts führt aber an der Einsicht vorbei, daß die Politik nicht mehr enteuropäisiert werden kann; daß es töricht wäre, ohne EG sein zu wollen. Es wäre nach wie vor grundvernünftig, für eine Gemeinschaft zu arbeiten, die ihre Halbherzigkeiten hinter

Golda Meir war Regierungschefin 1973, als Willy Brandt als erster amtierender Bundeskanzler in Israel begrüßt wurde. Die beiden kannten sich schon länger und hatten bereits erfolgreich zusammengearbeitet, als »die eiserne Großmutter« noch Außenministerin und dann Chefin der Arbeiterpartei war. Brandt bekannte sich – als Nazigegner – zur Wiedergutmachung und zur Mitverantwortung für die überlebenden Juden und propagierte »eine Politik, die nicht zuläßt, daß sich die Schrecken der Vergangenheit wiederholen«.

Zu inoffiziellen Gesprächen über die Nahostfrage reiste Brandt Anfang Juli 1978 nach Wien, wo er bei Bruno Kreisky gemeinsam mit Shimon Peres und Anwar es-Sadat die Möglichkeiten einer internationalen Friedenskonferenz über die Lösung des Nahostkonflikts erörterte. Über eine Teilnahme

der PLO an einer solchen Konferenz, die Kreisky und Brandt im folgenden Jahr ebenfalls in Wien auch mit Palästinenserführer Arafat besprachen, konnte bis heute eine Verständigung nicht erzielt werden. Die Wiener Vermittlungsversuche begegneten mancherorts heftiger Kritik.

Führer der europäischen Sozialdemokratie im Elysee-Palast: Die Vorsitzenden des Bundes der sozialdemokratischen Parteien in der Europäischen Gemeinschaft tagten 1984 in Paris und wurden hier vom Präsidenten der Republik empfangen. Von links nach rechts: Felipe Gonzalez (Spanien), Bettino

Craxi (Italien), Mario Soares (Portugal), Neil Kinnock (Großbritannien), Anker Jørgensen (Dänemark), Pietro Longo (Italien), Lionel Jospin (Frankreich), Willy Brandt (der seit 1976 auch Präsident der Sozialistischen Internationale ist), François Mitterrand, Joop den Uyl (Niederlande).

Das letzte gemeinsame Photo mit Olof Palme, aufgenommen während der Sitzung der Sozialistischen Internationale im Juni 1985 in Bommersvik/Schweden. Der schwedische Parteivorsitzende und Regierungschef, der Anfang 1986 ermordet wurde, zählte zu Brandts engsten persönlichen Freunden; er gehörte 1977/80 auch Brandts internationaler Nord-Süd-Kommission an. »Die ungewöhnliche, weltweite Reaktion auf den Mord findet ihre Erklärung zu einem wesentlichen Teil in der Glaubwürdigkeit, mit der sich Palmes internationales Engagement mitgeteilt hatte: gegen Wettrüsten und Welthunger, vor allem auch gegen Diktatur und Invasion und Unterdrükkung.«

Brandts Kontakte zu dem spanischen Regierungschef Felipe Gonzalez, mit dem er sich eng verbunden weiß, gehen auf die letzten Jahre der Franco-Ära zurück, als der junge Rechtsanwalt aus Sevilla die Führung der noch verbotenen Sozialistischen Partei übernahm. Auch aus Portugal und Griechenland haben den SPD-Vorsitzenden seinerzeit viele Zeichen der Dankbarkeit erreicht; ein Beweis dafür, daß er an der Seite derer stand, die die Diktatur überwinden wollten. Aufnahme Mai 1983.

1971 machte die indische Regierungschefin Indira Gandhi einen offiziellen Besuch in Bonn. Willy Brandt hatte sie 1959 bei Tisch kennengelernt, als er ihren Vater Jawaharlal Nehru in Delhi besuchte. 1984 hatten sie und Brandt – nach einem gemeinsamen Essen mit ihrem Sohn Rajiv – ein langes Fernsehgespräch in jenem Garten, an dessen Ausgang sie wenige Wochen später erschossen wurde. – In seinen verschiedenen »Rollen« lernte Willy Brandt die führenden Persönlichkeiten aus fast allen Teilen der Dritten Welt kennen.

sich läßt und endlich handlungsfähig wird – von der gemeinsamen Währung bis zur gemeinsamen Sicherheit. Wir Deutschen sollten nicht den Eindruck erwecken, Europa sei uns gleichgültig geworden, da wir es – vermeintlich – nicht mehr so dringend brauchen.

Von den deutschen Sozialdemokraten wird in den europäischen Zusammenhängen und international häufig mehr erwartet, als sie zu geben vermögen; doch wir sollten uns nicht darüber beklagen. Mir liegt daran, den Freunden aus anderen Ländern – aus der europäischen Sozialdemokratie und der Sozialistischen Internationale – von dieser Stelle aus zu sagen, wie viel mir die Freundschaft bedeutet, die zwischen uns gewachsen ist. Und daß ich mich auf die weitere Zusammenarbeit freue. Sie ist Element eines Friedens, den wir nicht suchen müssen, sondern den wir gewonnen haben.

Internationale Solidarität hat sich zunehmend neu zu bewähren in der Zusammenarbeit mit den benachteiligten Völkern und den hungernden Menschen dieser Welt. Deshalb nutze ich die Gelegenheit auch dieser Rede, um zu sagen: Wenn auf dem Wege zum Rüstungsabbau Fortschritte erzielt werden, darf parallel dazu erstens nicht versäumt werden, regionale Konflikte zu entschärfen und – in Übereinstimmung mit internationalem Recht – beizulegen. Zweitens meine ich mit Bestimmtheit: Es sind Vorbereitungen dafür zu treffen, einen Teil der durch Rüstungsabbau freiwerdenden Mittel so umzulenken, daß Hunger und Elend in der Welt zurückgedrängt werden können. Ich finde, es ist unerträglich, daß in dieser Minute 28 oder mehr Kinder verhungern in einer Welt, deren Wirtschaftskraft jedenfalls fähig wäre, alle satt zu machen.

Brechts Satz »Erst kommt das Fressen und dann die Moral« ist nicht selten mißbraucht worden. Gerade weil wir in den reichen Ländern zu »fressen« haben, sollten wir die Moral aufbringen – zusätzlich zu der nüchternen Überlegung, die aufgeklärtem Eigeninteresse entspricht –, der Misere in der sogenannten Dritten Welt ein Ende zu bereiten.

Die Entwicklung der letzten Jahre hat klar genug gezeigt, wie sehr auch die wirtschaftlich stärksten Nationen unter dem Druck der Rüstungsausgaben leiden. Sie sind wirtschaftlich ruinös. Der Rüstungswettlauf darf nicht weiterrasen. Es ist verrückt, immer neue, verfeinerte Systeme zu entwickeln, die überhaupt nicht benutzt werden dürfen, wenn die Selbstvernichtung vermieden werden soll. Tatsache ist außerdem: Der gesellschaftliche Reichtum läßt sich nicht mehrfach verwenden.

Die Idee der gemeinsamen Sicherheit taugt nicht nur im Ost-West-Zusammenhang und für den industriellen Norden der Welt. Gemeinsame Interessen auch im nicht-militärischen Bereich, nämlich zugunsten einer zukunftsorientierten wirtschaftlichen Zusammenarbeit deutlicher werden zu lassen – hierauf vor allem konzentrierte sich die von mir geleitete internationale Nord-Süd-Kommission. Diese Einsicht sollte, stärker noch als bisher, unsere Entwicklungspolitik bestimmen.

Geld für Entwicklung, das in der Rüstung nicht mehr gebraucht wird – das ist notwendig und möglich. Die internationale Staatengemeinschaft kann das schaffen, wenn viele Regierungen den Druck einer aufgeklärten öffentlichen Meinung zu spüren bekommen. Wenn wir damit Erfolg hätten, würde unsere Sicherheit nicht leiden, sondern gefestigt werden. Ohne Zweifel: Die Unsicherheit in der Welt ist auch eine unmittelbare Konsequenz der krassen Unterschiede zwischen reichen und armen Ländern; unerträgliche Ungerechtigkeit und Massenhunger sind die Wurzeln *dieses* Teils der Instabilität und Kriegsgefahr. Eine Begrenzung dessen, was man Verteidigungsausgaben nennt, und die Verwendung eines Teils der eingesparten Mittel für die Entwicklung würde für die Sicherheit in der Welt vorteilhaft sein. Für die Mehrheit der Menschheit wäre dies endlich ein Funken Hoffnung.

Gewiß wäre es schwierig, freiwerdende Mittel allein in die Entwicklungsländer umzulenken. Auch in relativ reichen Ländern, wie bei uns, gibt es eine Fülle öffentlicher Aufgaben, die wegen fehlender oder unzureichender Gelder bisher nicht angepackt werden konnten. Also wird man realistischerweise voraussetzen müssen, daß freigesetzte Ressourcen nur zu einem Teil für den Kampf gegen Hunger und Elend in der Welt zur Verfügung stehen werden. Auch wird man damit zu rechnen haben, daß die öffentliche Meinung in den Industriestaaten zunehmend kritische Fragen über die Eigenanstrengungen vieler Entwicklungsländer stellen wird. Zum Beispiel: Wie kommen *wir* dazu, für die Kapitalflucht aus dem Land X oder Y geradezustehen? Oder: Sollen *wir* die Militarisierung in Staaten der Dritten Welt mitfinanzieren? Nein, das sollten wir nicht, und wir müssen dazu nicht schweigen. Doch Heuchelei beiseite: Es ist dann auch zu fragen, was an dieser Militarisierung und an sonstiger Fehlentwicklung nicht »hausgemacht«, sondern vielmehr durch Regierungen, nicht nur Firmen, in unserem Teil der Welt mitzuverantworten ist.

Der nicht mehr neue Gedanke, einen Teil des Volkseinkommens, der durch Rüstungsbeschränkungen frei würde, zum Kampf gegen den Hunger zu verwenden, ist von einer bestechenden Einfachheit. Das macht seine Verwirklichung nicht leichter – und viel Zeit ging schon verloren. Noch gibt es jedoch die Chance zur Umkehr von einem Kurs, der weder Sicherheit schafft noch die Hungernden satt werden läßt. Ich meine, das Thema ist wichtiger geworden. Es erscheint weniger »visionär« als noch vor wenigen Jahren. Entscheidend ist, daß etwas für die Menschen geschieht, nicht, ob es christlich, humanistisch oder »bloß« sozialistisch begründet wird.

Grosse Bewegungen und politische Kraft, die ins Gewicht fällt, gibt es nicht ohne Hoffnung. Und man kann nicht hoffen, ohne darauf zu setzen, daß es Zukunft gibt. Die aber läßt sich weder aus Realitätsleugnung noch aus sonstigen Formen gedanklicher Unterbeschäftigung gewinnen: Ob wir unseren Beitrag dazu zu leisten vermögen, daß unsere Welt friedlich wird; ob auch noch unsere Enkel ihre Luft atmen, ihr Wasser trinken können; ob sinnvolle Arbeit und Leistung ihre Chance haben und der Mensch mit ihnen – das alles wird nicht zuletzt davon abhängen, wieviel »geläuterten« Fortschritt die Sozialdemokratie wird bewirken können – in Zusammenarbeit mit vielen, der Zukunft zugewandten Menschen.

Dies kann bei allen erkennbaren Schwierigkeiten eine lohnende, sogar eine schöne Perspektive sein. Camus meinte, wir dürften uns Sisyphus sogar als einen glücklichen Menschen vorstellen. Kraft hat er jedenfalls gehabt.

Sozialdemokraten leben von der Hoffnung, daß sie die Gesellschaft reformieren und Zukunft gestalten können. Sie wissen, daß eine Gesellschaft ohne Fähigkeit zur Reform verkümmern muß. Sie kennen auch die Grenzen, die sie sich selbst oder die andere ihnen setzen.

Für mich bedeutet dieser Tag, wie vielleicht nicht alle voll ermessen können, einen tiefen Einschnitt. Darüber, was er in der Geschichte der Partei bedeuten wird, will ich nicht urteilen. Jedenfalls nicht heute und an dieser Stelle. Der Platz ist frei, und so wie 1952 von Kurt Schumacher zu Erich Ollenhauer und 1964 von diesem zu mir, so wird das Logbuch auch dieses Mal weitergegeben. Ich habe mich bemüht, es 23 Jahre lang korrekt zu führen.

Es steht, was ich am 23. März zu Protokoll gegeben habe: Das Verlassen der Brücke bedeutet nicht, daß ich von Bord gehe. Nein, ich bleibe an Deck, weil alles andere gegen meine Natur wäre. Gegen das Gesetz, nach dem ich angetreten bin. Gegen das, was uns miteinander verbindet.

Die Wertschätzung all derer, die mir geholfen haben, ist groß. Namen nenne ich nicht. Es wären zu viele. Auslassungen wären ungerecht. Ich meine nicht nur die Kollegen aus den oberen Etagen, sondern vor allem auch die Mitarbeiterinnen und Mitarbeiter, die sich früher und bis zum heutigen Tag um mich herum abgerackert haben. Wer über längere Zeit an der Rampe steht, ist ja auch ein Kollektivwesen: Er bringt unter die Leute, was andere vorbereitet und in eine ordentliche Form gebracht haben. Die eigenen Gedanken haben sich oft mit den Überlegungen anderer untrennbar vermischt.

Der Wahlkampf 1969 war vielleicht der ungewöhnlichste in der Geschichte der SPD: Niemals zuvor und danach nie wieder in diesem Ausmaß war es der Partei gelungen, Prominente des öffentlichen Lebens, aus Sport und Kultur, Intellektuelle, Journalisten und Wissenschaftler – allen voran Günter Grass und Heinrich Böll – für ihre Sache zu gewinnen. Am 28. September errang die SPD 42,7 Prozent der Stimmen und konnte gemeinsam mit der FDP die erste sozial-liberale Koalition bilden: »Im Zeichen der Kontinuität und im Zeichen der Erneuerung«, wie Willy Brandt in seiner Regierungserklärung am 28. Oktober die beiden Grundpfeiler seiner Politik umschrieb.

In Anerkennung seiner Friedenspolitik wurde Willy Brandt 1971 der Friedensnobelpreis zugesprochen. Am 11. Dezember, dem Tag nach der Überreichung des Preises in Oslo, fand im Stockholmer Schloß das traditionelle Festbankett statt; zu den sechs in jenem Jahr Geehrten zählte u.a. Pablo Neruda. Nach dem Dinner hatte Brandt Gelegenheit zu einem tête-à-tête mit König Gustav VI. Adolf.

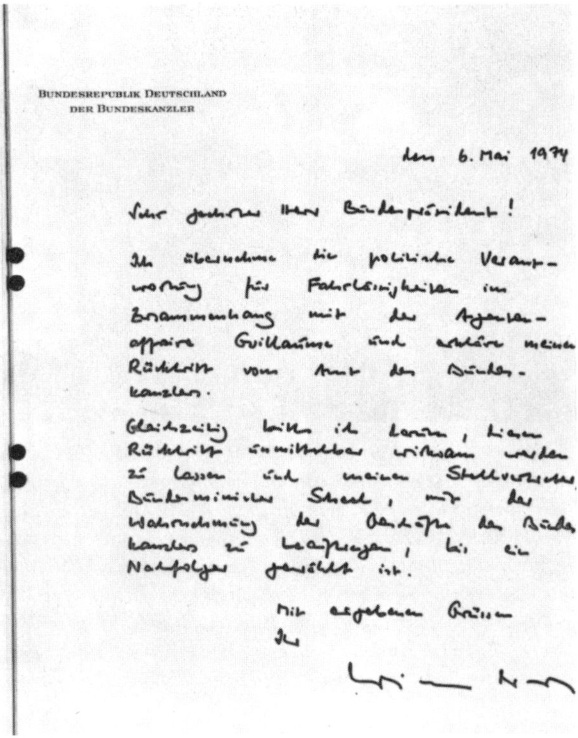

BUNDESREPUBLIK DEUTSCHLAND
DER BUNDESKANZLER

den 6. Mai 1974

Sehr geehrter Herr Bundespräsident!

Ich übernehme die politische Verantwortung für Fahrlässigkeiten im Zusammenhang mit der Agentenaffaire Guillaume und erkläre meinen Rücktritt vom Amt des Bundeskanzlers.

Gleichzeitig bitte ich darum, diesen Rücktritt unmittelbar wirksam werden zu lassen und meinen Stellvertreter, Bundesminister Scheel, mit der Wahrnehmung der Geschäfte des Bundeskanzlers zu beauftragen, bis ein Nachfolger gewählt ist.

Mit ergebenen Grüßen
Ihr

Willy Brandt

Nachdem die SPD im November 1972 den bedeutendsten Wahlerfolg ihrer Geschichte hatte feiern können (45,8 Prozent der Zweitstimmen, mehr als 49 Prozent der Erststimmen), wurde sowohl die durch dieses Wählervotum bestätigte Ostpolitik als auch die Reformpolitik weiter ausgebaut. Noch bevor die Legislaturperiode halb um war, wurde die Spionageaffäre Guillaume gegen den Bundeskanzler ausgeschlachtet. Brandt übernahm die »politische Verantwortung« und trat am 6. Mai 1974 zurück.

Auf einem Sonderparteitag der SPD im November 1983 ging es um die Frage der Stationierung neuer amerikanischer Mittelstreckenraketen entsprechend dem NATO-Doppelbeschluß von 1979. Die Mehrzahl der Delegierten sprach sich gegen die Nachrüstung mit Pershing II und Cruise Missiles aus. So auch der Vorsitzende, der überzeugt war, daß es einen kürzeren Weg gebe, zu Vereinbarungen über Rüstungsabbau zu gelangen: »Wir müssen die andere Seite beim Wort nehmen und dürfen uns nicht selbst immer neue Hindernisse in den Weg legen.«

Ich habe nicht allen gerecht werden können; das hat wohl nicht immer nur an mir gelegen. So wenig ich eigene Unzulänglichkeiten verberge, so wenig ist es meine Art, über alles den Mantel der lauen Vergeßlichkeit zu breiten. Enttäuschungen, die einem nicht erspart bleiben, haben meine Neugier auf Mitmenschen nicht schwinden lassen. Ich kann gut vergessen, aber wenn ich nicht will, dann nicht.

Die Zahl der Freunde, von denen ich mich verabschieden kann, nachdem wir miteinander wichtige Stationen passierten, nimmt von Jahr zu Jahr ab. Wer ist noch da aus der Jugendbewegung von vor '33? Wo sind die Kameraden aus dem Exil? Aus der so falsch »illegal« genannten Arbeit? Aus den Jahrgängen, die durch Krieg, Kerker, Lager und Zerstörung gingen? Auch die Zahl derer ist klein geworden, mit denen gemeinsam ich mich angestrengt habe, Berlin durch eine Zeit großer Bedrängnis zu bringen. Und viele sind nicht mehr da von den Genossen, die mich im November 1960 auf den Schild des Kanzlerkandidaten hoben. Wo es dann heißt, Bilanz zu ziehen, da unterscheidet sich ein aufgewühltes Leben doch nicht so sehr von einem, das ruhiger verlief.

Der Arbeiterjunge von der Wasserkante, der in Skandinavien politisch in die Lehre ging, den es von der Spree an den Rhein verschlug und der sich nun nach nahezu einem Vierteljahrhundert im Parteivorsitz verabschiedet: er blickt nicht im Zorn zurück, sondern kritisch auch auf sich selber. Und im

Gefühl der Verbundenheit allen, denen es zusteht und die es ähnlich empfinden.

Lebensläufe lassen sich nicht auf Flaschen ziehen. Mein Verdienst ist es nicht, wenn ich – vielleicht – der letzte Vorsitzende war, der aus der Arbeiterschaft kam und in der alten Arbeiterbewegung aufwuchs. Es ist gut, wenn den Heutigen der für viele opferreiche Weg meiner Generation im allgemeinen, meiner Parteigeneration im besonderen erspart bleibt. Doch mit dem schweren Weg verbindet sich viel, das sich unauslöschlich eingegraben hat in die Erinnerung: Beispiele unerschütterlicher Treue und ungewöhnlicher Selbstlosigkeit; ein Verständnis von Solidarität, dem nichts Doppeldeutiges anhaftete.

Weshalb sollte ich leugnen, daß jetzt vor mir viele gute Bilder auftauchen: von großartigen Kundgebungen. Von Versammlungen und Konferenzen unterschiedlicher Art. Von fröhlichen Abenden, so die Zeit dazu reichte. Von der vielfältigen Schönheit unserer Landschaften, unserer Städte, der Stätten unseres kulturellen Erbes. Und, nicht zuletzt, von einem Reichtum an Begabungen und Originalen. Manches davon – inmitten des häufig überladenen Terminkalenders – immer auf neue Weise zu erfahren, bedeutete mir nicht nur Abwechslung, sondern Bereicherung.

Die unendlich vielen Sitzungen habe ich jetzt nicht ausdrücklich erwähnt. In vernünftigen Dosen müssen sie ja sein, vergnügungssteuerpflichtig sollten sie auch in Zukunft nicht werden. Wichtig bleibt: mehr *mit* den Menschen als *über sie* reden; in die Gesellschaft hinein wirken, statt nur ihre Schlechtigkeit beklagen; ja sagen zum Leben, statt neurotisch mit ihm zu hadern.

Das sagt Euch in dieser Stunde der bisherige Vorsitzende einer nicht einfachen Partei in einem laut Gustav Heinemann schwierigen Vaterland; ich vermute, nicht wenige werden auch mich häufig als eher schwierig denn einfach empfunden haben. Ändern läßt sich das jetzt nicht mehr.

Es wird niemanden überraschen, wenn ich sage: Gewiß hatte ich gehofft, der SPD werde es noch unter meinem Vorsitz gelingen, in Bonn wieder unmittelbaren Einfluß auf die Regierungsgeschäfte zu nehmen. Das sollte uns nicht zu spät gelingen. Nicht erst im nächsten Jahrhundert, sondern schon bei der nächsten Gelegenheit, denn Deutschland ist mit einer abgestandenen Führung nicht gedient.

Ich kann den Geschichtsschreibern nicht vorgreifen, doch als gesicherte Erfahrung meine ich vermitteln zu können: Deutschland kommt, seiner selbst und Europas wegen, ohne eine starke Sozialdemokratie nicht aus. Es ist klar, daß mit dem Wandel der Gesellschaft auch die sozialdemokratische Volkspartei sich weiterzuentwickeln hat. Daß sie viel Offenheit und Lernfähigkeit braucht. Aber der ursprüngliche Antrieb hat sich nicht erledigt, der Auftrag ist uns anvertraut geblieben. Dazu brauchen wir, dazu braucht Ihr, dazu braucht unser Volk eine starke SPD, die niemandes Privatunternehmen ist. Die uns allen gleichermaßen gehört, keinem mehr als dem anderen. Für die wir alle verantwortlich sind, die an der Spitze freilich noch mehr als die anderen.

Die Nachrückenden sollten nie zu lange damit warten, der Gemeinschaft zu geben, was sie zu geben vermögen. Die aus Überzeugung und Erfahrung sich formende Selbstsicherheit nimmt von einem gewissen Alter an ohnehin nicht mehr zu; es sei denn, sie schlägt um in eine die Wirklichkeit verklärende Form von Altersstarrsinn. Vergeßt trotzdem nicht, daß alte Leute Bürger gleichen Ranges wie die Jungen sein sollten.

Ich muß zugeben, daß die Zweifel wachsen und man sich fragt: Weshalb bist du auf diese oder jene Schwäche eigener Positionen nicht schon früher gekommen? Hättest du deiner Partei durch mehr Ansporn zu Kühnheit und Offenheit nicht noch besser voranhelfen können?

Gewiß erinnerst du dich der Erfolge vergangener Jahre, aber sehr deutlich auch der Niederlagen, zumal solcher, von denen du meinst, sie seien zu vermeiden gewesen. Je mehr dir die Einsicht in menschliche Schwächen, nicht nur der anderen, fast zur Routine wird, desto geringer wird die Chance, den naiven Optimismus deiner Jugendzeit wieder zum Schäumen zu bringen. Hielten sich Enttäuschung und Ermutigung in etwa die Waage, wäre das schon viel. Daß gute Erinnerungen unauslöschlich bleiben, das trifft schon zu. Aber die anderen, die weniger guten, zu verdrängen, hilft nicht, bringt nichts. Fehler sind dazu da, daß man – wenn es irgend geht – aus ihnen lernt, bis zuletzt.

Die Sozialdemokratie hat viel vor sich, Ihr habt viel vor Euch: Offenheit und Gedankenarbeit und Leistungen in der praktischen Politik sind gefragt. Die Stärkung und Modernisierung der Parteiarbeit ist wichtig. Der lebendige Umgang mit dem geschichtlichen Erbe vermittelt leicht die Erkenntnis: Neben guter Gesinnung und soliden Kenntnissen ist eine ordentliche Portion gesunden Machtbewußtseins vonnöten.

Meine besten Wünsche gelten meinem heute zu wählenden Nachfolger im Amt des Vorsitzenden. Sie gelten der gesamten künftigen Parteiführung. Dem Parteitag kann ich die ihm vorliegenden Vorschläge um so leichter zur Unterstützung empfehlen, als ich an ihrem Zustandekommen redlich mitgewirkt habe.

Dies ist der von mir erbetene Abschied aus einem hohen Ehrenamt. Doch sei hier bestätigt: Wann immer mein Rat und meine guten Dienste gebraucht werden, ich werde der deutschen Politik und der deutschen Sozialdemokratie selbstverständlich zur Verfügung stehen.

Wir bleiben miteinander im Dienst – in der Pflicht, hätte ich gesagt, wenn dieses Wort nicht so oft so schrecklich entwertet worden wäre. Also sage ich: Ich bleibe in der liebgewonnenen Arbeit an dem, was wir auf uns genommen haben aus Überzeugung, durch Erfahrung und im Zurückdrängen von Egoismus zugunsten dessen, was auch den anderen bekommt.

Der Ring schließt sich: Es geht dabei nicht nur um die Partei, so wichtig sie bleibt und so sehr sie mir ans Herz gewachsen ist. Aber die Partei ist nicht um ihrer selbst willen da. Sie ist der Menschen wegen da – derer, die sie vertritt, und derer, um die sie sich bemüht.

Es geht um die Rolle, die wir dabei spielen, um den Einfluß, den wir geltend machen können, damit unser Staat – die Bundesrepublik Deutschland – nicht den Zug verpaßt, nicht zurückfällt, nicht zum Vasall wird, nicht absinkt auf das Niveau eines geistig-politischen Armenhauses.

Diese unsere Bundesrepublik muß wieder den Anschluß finden an ein dieser Zeit gemäßes Denken und Handeln. Sie muß sich ohne großen Zeitverlust modernisieren. Sie muß ihr europäisches Gewicht richtig in die Waagschale legen. Sie muß – und sie wird es mit unserer Hilfe. Mit der Hilfe der vielen, die wetteifern möchten im Dienst am Frieden, für Freiheit und für menschengerechten Fortschritt. Und wenn man wissen will, ob ich dessen so sicher sei, antworte ich mit dem letzten Satz, den Léon Blum, der Führer der französischen Sozialisten – Buchenwald überlebend – zu Papier brachte: »Ich glaube es, weil ich es hoffe.«

Nehmt, bitte, meine besten Grüße mit nach Hause und an die Stätten Eures Wirkens. Sagt sie den Mitgliedern unserer Partei und allen, die uns wieder und weiter helfen wollen. Ich wünsche Euch Gutes.

Reihe CORSO bei Siedler

Konrad Adenauer
BRIEFE ÜBER DEUTSCHLAND
2. Auflage · 120 Seiten
mit Abbildungen, Leinen

Joachim Fest
DIE UNWISSENDEN MAGIER
Thomas und Heinrich Mann
144 Seiten mit Abbildungen, Leinen

Heinz Friedrich
MEIN DORF
80 Seiten mit Abbildungen
Leinen

Klaus Fußmann
DIE VERSCHWUNDENE MALEREI
140 Seiten mit Abbildungen, Leinen

Andreas Hillgruber
ZWEIERLEI UNTERGANG
Die Zerschlagung des Deutschen Reiches
und das Ende des europäischen Judentums
3. Auflage · 112 Seiten, Leinen

Werner Knopp
WOHER, BERLIN, WOHIN?
96 Seiten mit Abbildungen, Leinen

Hermann Lübbe
POLITISCHER MORALISMUS
Der Triumph der Gesinnung über die Urteilskraft
128 Seiten, Leinen

Christian Meier
POLITIK UND ANMUT
124 Seiten mit Abbildungen, Leinen

Karl Schlögel
DIE MITTE LIEGT OSTWÄRTS
112 Seiten mit Abbildungen, Leinen

Helmut Schmidt
VOM DEUTSCHEN STOLZ
Bekenntnisse zur Erfahrung von Kunst
96 Seiten, Leinen

Wolf Jobst Siedler
AUF DER PFAUENINSEL
4. Auflage · 120 Seiten mit 17 doppelseitigen Abbildungen, Leinen

Richard v. Weizsäcker
VON DEUTSCHLAND AUS
Reden des Bundespräsidenten
11. Auflage · 112 Seiten, Leinen

CIP-Kurztitelaufnahme der Deutschen Bibliothek

Brandt, Willy: Die Abschiedsrede / Willy Brandt. – Berlin: Siedler, 1987. (Corso bei Siedler). ISBN 3-88680-288-4

 Satz: Bongé & Partner, Berlin. Ausstattung: H.P. Willberg, Eppstein/Ts. Reproduktionen: Faesser, Berlin. Druck und Buchbinder: Mohndruck, Gütersloh.
Printed in Germany 1987
ISBN 3-88680-288-4

Abbildungsnachweis
Archiv der sozialen Demokratie/Friedrich-Ebert-Stiftung: 6; Deutsche Presse-Agentur: 8; Presse- und Informationsamt der Bundesregierung/Bundesbildstelle: 5; Sven Simon: 2; Ullstein Bilderdienst: 1.

Schutzumschlag unter Verwendung eines Photos von Thomas Raupach/argus vom 21. März 1987.